JN411615

오월의 숲

강은례 시집
오월의 숲

인쇄 | 2012년 8월 16일
발행 | 2012년 8월 20일

지은이 | 강은례
펴낸이 | 김서종
펴낸곳 | *Book Manager* 전주시 완산구 중화산동 2가 736-5
출판등록 | 전주시 제 95-3호
전　화 | 063-226-4321
팩　스 | 063-226-4330
전자우편 | gongiksa@hanmail.net

값 8,000원

ISBN 978-89-6036-128-7 03810

오월의 숲

강은례 시집

Book Manager

여는 글

쪽빛 하늘 도화지에
하얀 구름 수놓아
그려진 모습

토끼도 있고
나무도 있고
꽃도 있고
그리운 얼굴도 있어

숨은 그림 찾듯
상상의 나래 펼치며
자연과 더불어 살리

서툰 길 동행하여 주신
소재호 선생님께 거듭 감사드리고
응원해 주신 모든 분께 감사드립니다.

2012년 7월
강 은 례

Contents

1부– 목어木魚의 울음

Contents

2부 – 오월의 숲

Contents

3부 – 홍시 하나

Contents

4부 – 눈 내린 아침

1부

목어木魚의 울음

목어木魚의 울음

다 비우고서야
득도得度한
저 깊은 청아한 울림

그리고
긴
여운

빈 가슴에 심는 생의 씨앗

거친 삶의 흙살 곱게 다져
고뇌와 사색의 하루 또 하루
각진 곳 잘 다듬어
생을 일구는
마음의 밭

걸림돌의 아픈 사연 추려내고
거름 같은 소중한 인연 넣어가며
풀 같은 질긴 인내 배워가며
살아보겠다는 벌레의 꿈틀거리는 욕망을 느끼며
지친 마음 깨우는 시원한
바람 한 점에 감사하며
씨앗 심어가는 날

분주하고 고달파도
물 같은 사랑 듬뿍 주고
햇볕 같은 따스한 온정으로 다독이면
적당한 온도에
쑥쑥 자라는 생

새벽시장

어둠은 스스로 옷을 벗어
하루를 희망으로 안으며
서서히 그 품속으로 파고든다
어둠을 안은 하루의 벅찬 설렘으로 열리는 세상
그 신비로움을 타고
산과 들녘 바다가 좌판에 펼쳐진다
옹기종기 모여 앉은 잡동사니
아직 덜 깬 눈 비벼가며 하품하고
꽁꽁 언 손으로 물건을 정리하는 검버섯 핀 아줌마의
이마엔 삶의 주름결
꺼질 듯 꺼지지 않는 불씨의 용솟음처럼
금방 쓰러질 듯 삶을 향한 외침
무거운 침묵에 잠긴 허공을 잘게 잘게 부수고
검은 봉지에 아침을 채워간다
새벽 찬 공기가 더욱더 옷깃을 쪼아 살 속 깊이 파고들고
삶의 힘줄이 부지런히 배를 밀며 뒤따른다

액자에 갇힌 너

못 하나에 온몸을 맡기고
무아의 경지에 오른 듯
그저 무심한

보는 관점에 따라
평판이 서로 달라
내뱉는 수많은 질책을
용케도 잘 견뎌내

빛바랜 날에도
흐뭇한 시선으로
묵묵히 내려보는 삶의 경륜

갇혀 있어도
자유로운
무아의 삶을 살아가는 너

정월 대보름

나날을 삼켜 배부른 달
흐뭇한 아이의 말간 웃음으로
어둔 강을 유영한다

저문 강 기억 저편으로
아장아장 걸어오는 유년의 대보름

쥐불놀이
깡통 든 아이의 손에서 불 송아리 날아올라
추억이 넘실대고

하늘에 차려진
온갖 나물과 오곡밥
별마다 정갈히 채워진 정
초롱초롱 빛을 내며
내 안 깊숙이 스며든다

하늘을 닮고 싶다

하늘은 참 좋겠다
기분 좋으면 해를 안고 함박웃음 짓고
언짢으면 구름으로 찌푸리고
슬프면 빗물로 눈물지으니
그래서
하늘은 마음이 넓은 걸까

희로애락喜怒哀樂
다 표현할 수 없는 인생사
하늘이 대신하나 보다

가끔은 일상 잠시 접고
아가의 잠든 얼굴 같은 평온한
하늘을 닮고 싶다

삶은 표현이다

어느 날 상자를 열어보니 고구마 새싹이 돋아나 있습니다 친구들과 옹기종기 모여앉아 머리 맞대고 어둠 속에서 바깥세상을 꿈꿨을 터 그 모습 안타까워 싹이 난 고구마 하나를 예쁜 그릇에 물 가득 담아 살짝 넣어주었습니다 물 만난 고기처럼 베란다에서 무럭무럭 하루가 다르게 자라나 유영하는 삶 어느새 줄기 뻗어 잎사귀 너울너울 춤추고

살아있는 것은
살겠다는 열망으로
삶은 한층 활기차고

표현하는 삶은
기쁨이 되어
생의 길 아름답게 수놓습니다

마네킹

눈은 있으나 보지 못하고
귀는 있으나 듣지 못한다네
손은 있으나 잡을 수 없고
발은 있으나 걷지 못한다네
코는 있으나 숨 쉬지 못하고
입은 있으나 먹지 못한다네

늘 그 시선
늘 그 표정

정지된 시간 속에
무엇을 꿈꾸는가

인생 신호등

찰나 속에
유년의 초록 불 걷다가

순리 속에
중년의 주황 불 멈춰서 생각하니

회한 속에
노년의 마디마디로
빨강 불 적신호 알려오네

깜박깜박
몇 번 하다 보면
종착역에 다다르는 우리네 삶

의미

길은 걸어야
길이 되어 이어지고

꽃은 화려해도
봐 주어야 향기 뿜듯

나눔은 함께해야
기쁨이 배가 되고

삶은 동행하는 이 있어야
인생을 진정으로 느낄 수 있어

사는 동안
누군가에게 의미 있는 몸짓이 되리

달

파란 하늘에
흰 구름 물결치고
두둥실 두둥실 달이 뜨면

한 송이 꽃인 양
하늘 우러른 모든 이를 이끌어

살가운 부모님 가슴으로
애틋한 연인의 입맞춤으로
보고 싶은 친구의 어깨로
동행하는 이웃의 손길로

저마다 따스한 숨결로
그리운 님을 찾아
흐르고 또 흐릅니다

詩

깊은 고뇌 바다에서
건져 올린 대어大魚

생각의 도마 위에
한 점 한 점 도려낸
싱싱한 언어의 회
정성스레 담아내면

먹는 이의 가슴에 다시 살아
퍼덕이는 삶의 지느러미다

詩는 일상의 탈출구

생각은
깊이 파고들면 더욱 빠져드는 늪

생각은
창살 없는 감옥

꼬리에 꼬리를 물고 갇힌 채
어둠 속에 웅크린 사고의 고통

가끔은 탈옥을 꿈꾸지만
쇠사슬에 묶인 형벌

긴 진통의 시간 지나고
낳은 희망의 詩는
새로운 탈출구

나

나는 있으나 나는 없고
나는 없는 듯 나는 있네

나를 찾으려 나를 버리고
나를 버리려 나를 찾는다

有에서 無를 찾아
無에서 有를 찾아

無我의 그날까지

그리움

무게도 없는 너
쌓이고 또 쌓이면
메밀꽃 아리아리한 몸짓으로
가슴 짓누르며

미련으로 자꾸만 허공 맴도는 너
잊었다 생각하면
어느새 이곳저곳 수북이 쌓여
도라지 하얀 꽃
발걸음 서성이다가

또다시
너의 흔적 지우려고
먼지떨이로 투닥투닥
독하게 매질해 보내놓고

커피 한 잔에
씁쓸한 내 마음 달래면

찻잔에 먼저 들어와 날 휘젓는
내 곁에 머물자는 너
도대체 어쩌란 말이냐

연날리기

수많은 오징어 떼
바람 물살 가르며
창공을 유영한다

저마다 꿈을 싣고
살랑살랑 춤사위

벽골제*에서
남녀노소 어우렁더우렁 모여
팽팽한 긴장감과 설렘으로
실타래 풀었다 감았다

각자의 염원 담아 띄운 연

어느덧 친근한 이웃이 되어
함빡 머금은 웃음꽃에
하루가 저물어간다

하늘과 땅이 맞닿은
지평선에 모여든 끈끈한 정이
서녘 하늘 붉은 노을에 활활 탄다

* 벽골제碧骨堤 : 전라북도 김제시 부량면에 있는 백제 330년에 축조한 저수지, 사적 제111호

2부

오월의 숲

오월의 숲

살랑살랑 수줍은 듯
바람의 속삭임에
작은 떨림마저 어여쁜 이파리

방금 목욕하고 나온 여인처럼
햇살에 윤기 흘러
교태 부리지 않아도 사랑스럽다

목련

자취도 없이 사라졌던 날
문득 돌아보니
빈 나목 위로 하얀 새떼 날아와
사월을 노래하네

흔적도 없던 시간
허공 태엽 감고 감아
살짝 풀어보니

째깍째깍 걷는
봄을 향한 열망
향기 되어 날리고

왔던 길로
다시 부지런히 떠나는 너는
또 하나의 빛바랜 아쉬움만 남긴 채

산책길에서

칠순 남짓한 노모와
사십 살쯤 된 아들
손잡고 수변공원 걷다가
물오리 본 아들이

-어머니 저건 갈매기예요

어머니 고개를 끄덕인다

서로 통하는 그들만의 대화
물오리가 갈매기가 된들 어떠리

엄마와 소통疏通이거늘

꽃등

봄을 기다리던
간절한 마음 켜면

가지마다
환한 염화미소拈華微笑

달래랑 냉이랑

햇볕의
따스한 입김으로
동토凍土 녹아
뾰족뾰족 새싹의 싱그러운 미소와
나풀나풀 고운 나비 춤사위로
넘쳐나는 사랑스러운 들녘

님아

달래랑 냉이랑
봄맞이 가세

산수유

샛노란 원피스 곱게 입고
오밀조밀 수놓은 고운 님

꽃샘추위 시샘하는 마음
토닥여 가는

여린 듯 강한
봄의 전령사

붓꽃

붓이 되어
허공에 그리는 미소

연정 품은
노랑, 보랏빛 노래

가슴과 가슴 열고
꽃봉오리 터트려
콧노래 홍얼홍얼
귀 쫑긋 세워 듣는
사랑 이야기

사물놀이

봄 언덕의 쑥
쑥 쑥 갱 갱 개갱갱
시작되는 사물놀이

하얀 고깔 쓴 목련 징을 높이 들고
노란 띠 두른 개나리 장구춤 얼쑤
시냇물 소리에 맞춰 작은북 두드리고
목청 뽑아 가는 개구리 개굴개굴
이에 질세라 뻐꾸기 뻐꾹 뻐뻐꾹

흥겨운 가락에 모여든 진달래 벚꽃
허공 가득 하늘하늘 춤사위
바람결 타고 꿈과 소망 훨훨

들판 가득
봄이 익어가네

음악회

한바탕
펼쳐진 음악회

산수유, 개나리, 진달래, 목련, 벚꽃, 라일락, 철쭉
저마다 고운 옷 차려입고
화사한 자태 뽐내며 함박웃음

그 모습 예뻐
하늬바람도 머물러 쉬어가고
햇살 선녀 내려와 춤출 때

뒤늦게 나타난 은행나무
가지 끝에 연둣빛 스카프
살짝 두르고 끼어들면

마냥 흥겨운 봄날
누구라도 연인처럼
노래하고 싶은 날

간지럼 타는 바다

겨울잠 자던 바다
봄비 맞으면

하얀 이 드러내며
까르르 까르르
떼굴떼굴

저 큰 덩치도
간지럼 타나 보다

고독한 나비

나비 한 마리
갈 곳 몰라 방황하다

꽃에 앉으나 향기 없고
먹구름 몰아치고 바람 불어
나비 비에 젖어
천 근 만 근

무겁고 무거운
생의 날갯짓이여

나무

봄이면
하얀 목련의 창백한 미소로
음식 만들어 오시는 어머니

여름이면
뿌리 깊이 내린 사랑의 버팀목으로
푸른 이파리마다 뜨거운 햇볕 가려주는
그늘 같은 어머니

가을이면
머리에 수건 동여매고
주름진 이마에 흐르는 땀 훔치시며
오색 단풍보다 더 빨갛게 익는
어머니 얼굴

겨울이면
고된 설움
토하지 못한 속내
나목의 옹이로 툭 불거진
어머니

난蘭

가녀린 듯 낭창낭창
한 획의 선으로
정갈한 님

세상 풍파에 흔들리며
미풍에 휘청거려도
꿋꿋하게 버티는

그 모습에 담긴
굳은 절개가
한결같이
단아 하구나

장미

빨간 깃발
허공 휘저으며

6.25
아픔 상기하듯

길목마다
슬픈 유월의 함성

능소화 여인

주홍빛 수줍은 미소 지으며
그리운 마음 전하고 싶어
찾아온 집
차마 들어서지 못하고

싸늘한 담벼락에
예쁜 수놓은
님을 향한 연정

그 모습 고와
지나던 길손
손길 뻗어 유혹하나

꽃가루로
눈멀게 하여
물리치니

하늘하늘
그 모습 애처롭다
님을 향한 일편단심

청운사 백련

진흙탕 속
시궁창 냄새 맡아가며
지렁이 같던 삶 이겨내고
고결한 자태 피운
어느 동자승 닮은

꿈틀거리는 욕망 모두 접고
번뇌와 탐욕 견디며
봉오리 맺은 고뇌의 흔적
자비로 활짝 핀
염화미소拈華微笑

법당에 향촉 대신
바깥세상에
은은한 향 피워
찾아오는 중생을
맞이하는

3부

홍시 하나

홍시 하나

나목裸木의 붉은 심장이 되어
말랑말랑 익은 그리움
석양의 노을로 등불 켜고
모두 떠난 빈 둥지 지켜가며
까치가 쪼아가는
어머니의
외로움

허수아비

들녘마다
색동저고리 곱게 입고
환하게 미소 짓는
부티 나는 허수아비

벼이삭 물에 잠겨 하얗게
병에 걸리거나 말거나
그나마 남은 이삭 몇 알
참새가 쪼아 먹거나 말거나
고래고래 소리 질러
목청이 쉬거나 말거나

그저 희희낙락喜喜樂樂

가을 참 달다

대롱대롱 매달린 대추
한 알 따서 입안에 쏙 넣으면
아이의 해맑은 웃음이 입가에 번지고

풋사과에 매달린 추억
한 입 베어 물면
첫 키스의 그날이 다가와
침샘 가득 고이는 사랑

붉어진 홍시
첫날밤 님인 듯 안기면

탱글탱글 여문 은행알
생을 터득한 중년의 삶 일깨우고

익을 때로 익은 가을날
동심에서 중년의 그날까지
다시 한 번

달콤하게 음미하네

가을
참
달다

허기

붉은 태양 삼킨

단풍아

너는 배 부르더냐

단풍

멍한 시선 끝에 앉아
곱게 차려입고 희롱하는 너

참 얄궂다

그저
바라만 보는 이 마음
어쩌라고

봉숭아

어여쁜 너
바라보다
보낼 수 없어
내 안에 가둬보네

손톱에 갇힌 너
수줍은 듯 주홍빛 물들어
넌지시 미소 짓네

서서히 떠나는 너
어느덧 반달로 떠
내 가슴에 애틋한 정 더해가네

눈 오는 날
살며시 사라져도
내 안에서 숨 쉬는 너
떠난 듯
다시 올 걸 알기에
추억으로 곱게 간직하리

코스모스

칠순의 나이에
가을 길섶 살짝 풀어헤쳐
살아온 생
색색으로 보여 주시는 어머니

가녀린 몸짓
평생을 내어주신 사랑
아직도 더 보여주고 싶어
이 가을도 어김없이 핀

- 아가야, 사는 것이 뭐냐면
그저 어우렁더우렁 더불어 사는 거야

바람결 따라 하늘하늘
춤사위 고운 어머니

벼

노랗게 물들여
바람결 찰랑찰랑

고운 모습
허수아비 해죽해죽

시샘하는
참새떼 짹짹짹짹

석류

원圓으로
안은 세월
붉어진 연정

한 알 두 알
징검다리 놓아가는 사랑

앞 섶 풀어
하얀 속살 유혹하는
알알 박힌 정

입 안 가득 번지는
새콤달콤한 인연

가을비

사랑 한 모금
주는 법 서툴러
붉게 물든 단풍 입 맞추고
수줍어 대롱대롱

이별 한 모금 삼키기 어려워
마른 낙엽 뒹구는 고독에
슬픈 눈물방울
똑
똑
똑

누구는 사랑하고
누구는 이별하고

빗방울 웃었다
빗방울 울었다
어느 장단에 춤출지 오락가락

황국 사랑

소국 곱게 핀 뜨락
한 아름 안아본 순간
향기로 다가서는 그대

짙은 사랑 배어있어
아찔한 현기증
지탱하기 어려운 마음
노란 꽃잎 속으로 물이 든다

마음속
두꺼웠던 어둠
한걸음 나서보니
이리도 밝고 화사한
그대 미소가 반길 줄이야

은행나무

거리마다 나목이 되어
앙상하고 쓸쓸해 보이지만 의연하다
화려한 변신을 꿈꾸다가
끝내는 본연의 모습으로 돌아온 생
사십의 여인이 거기 서 있다

작은 새 한 마리가 가지 위로 날아와 노래하고
바람의 말이 가지 끝을 간질이며 세상 얘기 들려주고
햇볕이 뜨거운 열기로 몸을 데워주고
그녀는 안도의 웃음 띤다
그래도 그리 헛된 삶을 살아오지는 않았나 보다

생에 달관한 듯
포기한 듯
나름대로 열심히 살아온 생
나이테로 그려 놓은 나무껍질마다 옴팡져 보이지만
사뭇 진지하고 평온하다

철없던 지난날
가만히 눈을 감고 묵상에 들어선 모습은
무념무상의 순간에서
도전보다는 자연의 순리에 따르는
중년의 삶이 묻어난다

은행나무 노란 잎에 행복한 보도블록

뭇 여성 구두 소리 경쾌하게 또각또각 걷던 그 시간도 비명 지르지 못하고 아파했던

걸을 수 있는 것에 대해 무심으로 걸어가는 수많은 발자국 부러워하며 그 밑에 깔렸던

가끔은 무심코 버린 담뱃불에 뜨거운 고통 느끼며 혼자서 견뎌야만 했던

때로는 강렬한 햇볕에 달궈진 몸 어찌할 줄 몰라 한줄기 소나기를 마냥 갈망하던

어느 날은 폭우에 젖은 몸 추위와 맞서 싸워야 했던

보도블록 길게 누워 수많은 발자국과 굴욕을 온몸으로 받아내며 묵묵히 자신과 싸우던

은행나무 잎이 가득 쌓여
노란 옷이 참 잘 어울립니다

가을밤에는 공원도 슬퍼 보인다

어둠이 찾아들고
밤하늘 별과 달님
서로 바라만 보는 애틋한 사랑 나누고

공원에 온종일 서 있던 나무와 그네, 벤치
허물을 벗어 놓고
고단한 마음
긴 그림자로 눕는다

낮에 한바탕 전쟁 후 모두가 떠난 자리
시끌벅적했던 그 순간이 그리워
바람에 마른 낙엽 뒹구는 소리
홀로 부르는 노래 애달픈 밤

그 마음 알았는지
고독과 쓸쓸함의 노래 발맞춰
잠 못 이루는 고양이
눈빛으로 어둠을 조율하며
다독여 가는 밤

가을 풍경

쪽빛 하늘
뭉게구름 빗질하여
잘 빚은 수많은 형상
흡족한 마음으로 상상의 나래 펼쳐가며
걷는 가을 길

고추잠자리 머리 위로 빙빙 돌며 길 안내하고
이름 모를 들꽃 위로 벌들의 달콤한 입맞춤과
고운 나비 살랑살랑 춤사위로 동무하네

들녘에 벼 이삭 끝도 없이 펼쳐져
장관을 이룬 평화로운 모습
바람의 리듬에 맞춰 황금물결 넘실넘실
농부님네 환한 미소로 땀방울 훔쳐가며 가을을 추수하네

눈부신 햇살
사과처럼 빨갛게 익은 홍조 띤 볼

탱글탱글 대추알의 눈망울
앓고 있던 삶의 가시를 벗어버린 밤알의 환한 미소
코스모스 아리따운 꽃잎 위로 수놓은 길섶

열아홉 소녀 같은
가을 풍경

밤

고승도치처럼 가시로 감싸
안으로 여물어
탱글탱글 단단해진 삶

가을볕 유혹에
바깥세상 나와
살짝 엿보는
첫날밤 새색시

4부

눈 내린 아침

눈 내린 아침

잉걸불로 타들어가는 세상 안타까워
세상은 뜨거운 것만 존재하는 게 아니라고
밤을 새워
시린 가슴 열어
독백으로 외쳤나 보다

겨울의 길목

텅 빈 거리
고독이 회색 하늘을 받치고
바람의 지팡이로 지탱하다
꽁꽁 언 빙판길에 널브러져

여기저기 떠돌던 언어
눈꽃으로 흩날리다
쌓여 가는 말의 찌꺼기는
고드름처럼 매달리고

끝내 얼어 버린 겨울의 입술
가슴앓이 깊어져 벙어리 될 즈음

저 나라에서 새 생명 꿈틀거리며
서서히 봄을 펴 올린다

12月의 창가에서

앙상한 가지 위로
빈 둥지 웅크리고 앉아
회상에 젖은 시간

낮달로 화두 하나 꺼내놓고
지나온 날 그리움에 희멀건 웃음
솜털 구름 되어 허공 떠돈다

돌이켜보면 부족했으나
참 소중했던 생

모든 흔적 덮어가는 눈꽃
겨울의 길목 서성이며
또 무엇을 위해
한 계절 생을 반추하며
흩날리는가

나목裸木

가지 끝
우듬지로 자란 세월
빈 둥지 끌어안고
바야흐로 겨울의 품에 안겨
사랑했던 기쁨
이별했던 아픔
모두 낙엽으로 태워
연기로 흩날리고
태초의 모습으로 돌아가
그대
묵상하는가

가면 쓴 나무

봄부터 새순 틔워 조금씩 가면을 쓰기 시작합니다

어느 여름 무성한 잎으로 위장한 모습
언뜻 보면 싱싱한 모습에 깜빡 속을 뻔하였습니다

가을 무대에서 화려한 변신을 시작했습니다
온갖 색조 화장 곱게 하고 치장한 당신
멋진 가면 속에서 유혹의 손길 뻗었지만

안으로 병들어 가던 세월
버티지 못해 옹이로 툭 불거져 거칠어진 피부
나무껍질마다 아픔의 흔적 남고

겉치장에 바쁜 무대에서 활개 치던 날 접고
관중의 힘찬 박수의 갈채도 뒤로한 채
한 잎 두 잎 서서히 낙엽으로 가면 벗고

뒤늦게
채움의 버거움과
비움의 가벼움을 터득하고
황량한 벌판에서 나목裸木의 쓸쓸한 노래 부릅니다

만추晩秋

나무 한 그루
동토의 그날 숨죽여
잉태한 꿈

아지랑이 스멀스멀 피어난
어느 따스한 봄 날
새싹으로 순산한
파릇파릇한 희망의 노래

여름길 푸릉푸릉
산하 물결 푸른 잎사귀
너울너울 춤추다가

알알 맺힌 결실
광주리마다 채워 놓고
단풍 곱게 물들인
만추의 계절

한 잎 두 잎 지는 낙엽에
또 한 계절이 앓아눕는다

여백

중년의 길
삶의 도화지에
꽉 채워 넣기보다
점 하나 찍어놓고
여백으로 남겨
찾아드는 것에 내어주고 싶다

비가 오면 빗방울이 되어
눈이 오면 눈이 되어
바람 불면 바람 되어

있는 듯 없는 듯
점 하나로
영혼의 노래 부르며
순리에 따르고 싶다

바람이고 싶어

자유롭게
떠도는 바람이고 싶어
떠돌다 머문 그곳이
꽃자리 되는

고된 삶
땀방울로 맺힌 고뇌의 흔적
딱딱하게 굳어버린 성정
살며시 어루만져
나긋나긋 춤사위 펼칠 수 있게 도와주는
바람의 요정이고 싶어

가끔은
미풍으로
앙증맞은 작은 풀꽃 간지르며
희롱하는 다정한 연인이 되고 싶어

가끔은
태풍으로
거목의 곧은 심지 흔드는
심술궂은 장난꾸러기가 되고 싶어

가끔은 신바람으로
세상 침묵하는 모든 것 일깨우며
그들에게 희망을 안겨주는
삶의 원동력이 되고 싶어

여명黎明

어둠의 굴레 벗고 새 옷 갈아입는 순간
생명의 젖줄 쏟아 부어
살아있다는 욕망으로
벅찬 감동이 밀려오고

각자의 멜로디 담긴
삶의 교향곡 울려 퍼지면
고막을 찢는 신음이어도 좋고
진동하는 쾌락의 악취여도 좋고
절망이라도 좋다

살아 움직이는 것
제 향기로 취한다는 것
또 하루는 기쁨의 선물
얼마나 신비롭고 황홀하랴

부족한 건 서로 채워주고
남는 건 나눠가며

가르치고 깨닫고 배워가며
주어진 하루를 조율하는
감사하는 마음

연인들처럼
콩닥콩닥 설렘이어라

나무의 하루

어둠 속에 웅크린 채 아침이 오기를
햇살이 살짝 입 맞춰 잠을 깨워 주기를
작은 새가 찾아와 노래 불러 주기를
바람이 세상 소식 전해 주기를
달빛이 찾아와 잠재워 주기를
기다리고 기다리며
기다림 속에 쑥쑥 자라는 생

갈대

모진 비바람 겪은 세월

하얀 머리
바싹 마른 몸
바스락바스락
바람에 휘청거려도
늘 의연한 그대

회한

고왔던 어제는 어디 가고
빛바랜 오늘의 길목에서
바라본 하루

뼈가지 앙상한 나목
하현 달빛에
삭막하다

할아버지 하시던 말씀
— 내가 저 나무 같구나

바람 한 점에
깊은 회한이 스친다

비움의 미학

인생 도화지에
그려 가는 생의 날

유년의 동산 그려 넣고
나무 한 그루 심어보니
추억이 뛰어놀고

나뭇잎 그려 넣고
예쁜 새 불러오니
청춘의 푸름을 노래하네

그래도 허전해
주렁주렁 잘 익은 열매 그려 넣고
단풍으로 물들이니
어느덧 중년의 여인이 낙엽으로 서성이네

숱한 세월
아름답게 그려 넣은 시간
하얀 눈 내려와 온통 덮어가는 순간
순백의 깨끗함 속으로 찾아드는 평온

커피

꽁꽁 얼어 아린 손끝
찻잔에 손 녹이면
그대의 마음인 양
스르르 녹아

모락모락
피어오르는 김 마주하며
한 모금 마시면
그대의 숨결인 양 스며들어

함께 걷는 길
커피 꽃의 향기는
그대의 마음

겨울비

새 생명 순산하느라 힘들었던 어머니 닮은 봄날
새싹 손잡고 걸음마 시켜 푸른 잎으로 성장시킨 아빠의 고된 삶처럼 힘겨웠던 여름
예쁜 옷 입고 철없이 마음껏 뛰어놀았던 우리 닮은 가을
살아온 날 뒤돌아보는 나목처럼 묵상하는 겨울

그렇게 뒹굴었던 세상
빈껍데기 버리고
더럽혀진 때 말갛게 씻어

고단했던 삶
쉬어 가라고
정겹게 겨울비 내리네

빈 들녘에서

까마귀떼 세월을 쪼아가고
바람 소리 서럽다

하얀 머리 억새
살아온 날 회상하듯
생각이 깊다

세월이 오가는 동안
조금씩 변해가는 자연은
순리 속에 오직 따름이다

자연의 법칙처럼
인생살이도 그러면 좋으련만

늘 좀 더 나은 삶을 위해
채우기 바쁜 욕심의 굴레로
모순과 악취를 풍겨가며
삶의 구렁텅이에서 허덕인다

황량한 벌판에 불던 바람
가슴속 깊이 파고들어
진정한 삶이 무엇인가
화두 하나 던져주고
제 갈 길 간다

〈작품해설〉

‘비움과 채움’의 미학으로 구조하는 신성한 몸짓의 詩

- 인생과 시를 경건하게 작업하는 강은례 시인의 작품들을 조망하여

소 재 호
(시 인)

강은례 시인의 시 묶음을 받고 필자는 마음이 사뭇 설레였다. 시를 집도하는 성정이 매우 순결하고 청순하여 시인의 고결한 인간성이 눈에 확연하게 띄었기 때문이다. ‘집도’란 용어는 생경하지만, 강 시인에게 있어서 작품을 재량裁量하고 응축하는 소양은 너무 바람직하고, 시를 대면함에 있어서도 너무 신중하고 정중해서 의료 행위에 몰입하는 전념성에 비유해 본 말이다. 문학의 외양을 애써 꾸미기보다는 시의 형질이나 본질 다듬는 일에 더욱 진력하는 점을 환기한 것이다.

강 시인의 시 편편에 흐르는 서정성은 아무래도 그의 정서의 광활함에서 마냥 굽이치는 바 인생살이에서 맞닥뜨려지는 것들, 예컨대 희·노·애·락이라든지, 그리움·

외로움·고독·허무 등 시인의 심정에서 파다하게 유로되는 것들을 총망라하여 일컬을 것이다. 또한 이런 정서들은 강 시인 특유의 작업을 통해 시적 형태를 구조하고 형상화에 도달한 것이다. 한편 강 시인은 인간과 자연을 조망함에도 도가의 말처럼 '스스로 그러한 대로'를 존엄한 대상으로 설정하고 감정이입感情移入의 재귀하는 기교를 접목시켜 시의 변용을 꾀하고 있음도 주목할 만하다. 시인의 주변에 여울지는 모든 사물들 사건들은 강 시인의 인식경로를 통해 경건한 대상으로 그 품격을 갖춘다. 그러나 그의 시들을 깊이 천착해 본다면 '비움'과 '채움'의 대칭적 조화를 미학적으로 형상한다고 감히 평하고 싶다.

일상의 잡상雜想을 걷어내고, 초월超越 초속超俗하여 정화와 승화를 거쳐 정제의 자리에 오른 신성한 목숨, 새로운 생명을 부어 넣는, 일컬어 만물유전萬物流轉의 전기를 마련하는 신성성이 그의 시에서 자주 읽혀진다. 물론 치열한 삶, 어귀한 생활인의 모습도 그의 작품에서 드러나지만 대체로 불교적 상념을 바탕한 시들이 주조를 이루고 있음을 알 수 있다.

불교에서 '삼법인설'이란 말이 있는데, 첫째가 제행무상諸行無常이라고 하여, 우리가 감각할 수 있는 모든 현상은 영구 불변하는 것이 아니라 항상 생멸, 변화하고 있다는 주장이다. 여기서 나 자신마저도 순간마다 변환한다는 만물유전의 세계관이다. 둘째로 제법무아諸法無我

라고 하여 모든 현상의 존재는 인因과 연緣에 의해 생긴 것이어서 고정된 실체는 없다는 말이며, 셋째로 일체개고一切皆苦라 하여 인생살이 자체가 고통과 번뇌로 이루어져 있다는 것이다. 묶어서 한마디로 자아마저 실재하지 않으며 현실은 고정되어 있지 않다는 종교관이다. 강시인의 시는 이러저러한 자연관과 세계관이 혼입되어, 또는 직간접으로 영향을 받아, 말하자면 가자아假自我를 분쇄하고 비워서 진자아眞自我를 채운다는 시각으로 유추해 본 것이다.

그의 시 「목어의 울음」을 살펴보자.

다 비우고서야
득도得度한
저 깊은 청아한 울림

그리고
긴
여운

「목어木魚의 울음」 전문

득도란 말도 '得道'가 아닌 '得度'라는 불교용어를 그대로 과감히 차용하였다. '得度'란 '전심전력으로 심신을 닦아 부처님 제도를 얻음'이란 뜻이다. 목어는 '속이 비어 있음'에서 발상되고 다시 '울림'으로 연파되며,

잡된 속세의 소리는 정화되어 청아함에 이른다. 속이 비어 있다는 말은 곧 자신을 비워낸다는 행동 용어에 다름 아닐 터이다. 긴 여운은 '없음' '무아' '무상' 등으로 의미가 확산된다. '없음' 은 진정한 것의 '있음' 으로 환치되어 온 하늘과 우주에까지 그 파동의 연장됨을 의미한다. 금방 색즉시공色卽是空 공즉시색空卽是色의 의미를 내포해 버린 것이다. 긴 여운은, 다시 부연한다면, 사람이 듣지 못하는 경지의 어떤 심오한 소리를 상징한다. '너무 큰 소리' , '진정한 진리의 울림' , '지고한 천리' 쯤 되는 소리로서 결코 범상한 사람의 감각으로는 인식이 불가능한 소리를 말한다. 스스로를 비워낸 진자아가 이를 시로 구상해 냄으로서, 그의 시에 대한 극진한 담금질과 응축해내는 몰두가 경이롭다. 그래서 그의 시적 결기가 충일하다. 아무래도 강 시인의 심연心淵 내밀한 곳에 정치한 철리哲理는 불성佛性으로 유래한다고 보아야 할 것 같다.

이런 요소들을 도처에서 발견하는데, 「액자에 갇힌 너」에서 초월자로서의 무아無我가 등장하면서 제법무아의 경지가 구현된다. 「나」에서도 '有에서 無' '無에서 有' 로 자타의 경계를 넘나든다. 나를 버리고 진정한 제2의 나를 찾아 나서는 시의 메시지에서 시가 마치 불경의 한 명절名節을 보여주는 듯하다. 「목련」에서도 '없음' 에서 유래하고 '있음' 곧 고사枯死에서 생환의 윤회전생이 독해된다. 「꽃등」에서는 아예 '염화미소' 로 심심상인心心

相印의 경지를 노출시킨다. 초월, 초속超俗으로 탈을 벗고 다시 경건한 윤회의 광장에서 참된 자아로 채워지는 의미를 우리는 목도한다. 본래 동양인 고유의 심상心象에는 유 · 불 · 선이 함께 융합되어 따로 떼어내는 해체가 불가능하다. 그래서 불성의 모닥불 옆에는 도가의 곁불도 쬐여지고 유학의 불티도 흩날리는 법이다. 강 시인의 시에 있어서도 불성 외에 '무위자연' 의 도교 풍이 언뜻언뜻 스침은 당연한 이치이리라.

이제 강 시인의 시 몇 편을 본격적으로 감상하려 한다.

"어둠은 스스로 옷을 벗어
하루를 희망으로 안으며
서서히 그 품속으로 파고든다
어둠을 안은 하루의 벅찬 설렘으로 열리는 세상
그 신비로움을 타고
산과 들녘 바다가 좌판에 펼쳐진다
옹기종기 모여 앉은 잡동사니
......"

「새벽시장」중에서

이 시에서 어둠은 폐쇄와 폐칩의 닫힌 세계가 아니라 자신을 소멸시키며 새로운 세상을 열어주는 최초 단계쯤 되는 이미지이다. 이 어둠은 하루아침의 출항을 배태하고 배설하는 전조前兆이다. 스스로의 완강함을 철회하면서

'하루의 벅찬 설렘'과 '신비한 정경'과 '아름다운 강산과 바다'를 체환시킨다. 이때 시골 아낙네 행상인 좌판에는 온갖 '잡동사니'가 펼쳐져 있는데, 이는 곧 삶의 이모저모를 상징하는 물상들인 동시에 이 시에서 시적 형상화를 구도하는 중요한 상징어인 것이다. '검버섯 핀 아줌마'의 좌판에는 산과 들녘과 바다도 펼쳐지지만, 희망, 설렘, 신비 등등도 그냥 개념어 추상어로만 머물러 있지 않고, 구체적 물상으로 형과 태를 갖춰 그 좌판에 오른다. 어귀한 삶의 노정이 서사적으로 묘사되지만, 종국에는 역시 서글픈 인생살이에 대한 회의가 서리며 시의 정서를 달리 표백해 낸다. 이 시에서는 다음 행들이 시적 정경을 빛낸다. 예컨대 "산과 들녘 바다가 좌판에 펼쳐진다"나 "무거운 침묵에 잠긴 허공을 잘게잘게 부수고"라든지 "검은 봉지에 아침을 채워간다"등등의 시행이 시의 산문화로 인해 그 해이성으로 흐르려 함을 방지해주는 역할까지 수행한다.

"거친 삶의 흙살 곱게 다져
고뇌와 사색의 하루 또 하루
각진 곳 잘 다듬어
생을 일구는
마음의 밭

걸림돌의 아픈 사연 추려내고

거름 같은 소중한 인연 넣어가며
풀 같은 질긴 인내 배워가며
살아보겠다는 벌레의 꿈틀거리는 욕망을 느끼며
지친 마음 깨우는 시원한
바람 한 점에 감사하며
……"

「빈 가슴에 심는 생의 씨앗」중에서

인생의 삶과 전답 경작을 교묘하게 접목시켰다. 사람이 살아가는 모습이나 밭갈이하며 겪는 사건들, 그 작업의 진행을 추보식으로 엮으며 서사적 서경의 형질을 빚는다. 비워내며 채우는 신성한 노동의 동영상이 클로즈업된다. '고뇌와 사색' 을 거쳐 '각진 곳을 잘 다듬어' '생을 일구는 마음의 밭' 은 마치 삭막한 시발점에서 출발하여 지난한 궤정을 통과하고 도달점에서는 '신성한 인생' 을 성취하는 모형을 그린 듯하다. 비운 곳에 채우는 마음의 밭은 풍성할 터이다. 다음 연에서도 '걸림돌 아픈 사연 추려 내고' '거름 같은 소중한 인연' 을 접인하고 하찮은 '곤충이나 잡초의 지고지순한 생명력' 을 배워 '시원한 삶' 을 이끌어 오는 '바람 한 점' 에까지 감사하는 시적 자아는 어귀 찬 삶을 경영하는 의연함이 자뭇 경외심을 일으킨다. 그런데 여기서 고뇌, 사색, 인연, 인내, 욕망 등등의 개념어가 밭을 일구며 만나는 '돌' 이나 기타 부정적 요소들의 물상으로 구상화된다는 점에서

이 시의 묘미가 읽혀진다.

다음 시는 민속적 정서가 밴 시이다.

나날을 삼켜 배부른 달
흐뭇한 아이의 말간 웃음으로
어둔 강을 유영한다

저문 강 기억 저편으로
아장아장 걸어오는 유년의 대보름

쥐불놀이
깡통 든 아이의 손에서 불 송아리 날아올라
추억이 넘실대고

하늘에 차려진
온갖 나물과 오곡밥
별마다 정갈히 채워진 정
초롱초롱 빛을 내며
내 안 깊숙이 스며든다

「정월 대보름」전문

'어둠' 이나 '망각' 의 지난날은 다 비움을 뜻한다. 달이 채워지고, 빈 기억의 전편에서 다시 차오르는 아름다운 추억, 그리고 풍성한 먹거리, 초롱초롱 별빛들 그리고 정갈한 인간의 정 등등은 다시 채움의 현상들이다. 공허함,

쓸쓸함, 어둠, 삭막한 인정들의 자리에 대체하여 가득 채워지는 긍정적 정서들이 민속놀이의 즐거운 추억과 함께 부상한다. 이 시에서도 '시간을 삼킨다.' '저문 강 기억 저편' 별마다 정갈히 채워지는 정' 등의 시 구조물이 형태를 갖춰 '내 안에 깊숙한 초롱초롱한 빛' 으로 상징화하는 시인의 작업은 매우 옹글기 그지없다. 강 시인은 이처럼 경건하게 자아 구축의 단계를 밟아간다. 「삶은 표현이다」의 시에서도 "어느 날 상자를 열어보니 고구마 새싹이 돋아나 있습니다. 친구들과 옹기종기 모여 앉아 머리 맞대고 어둠 속에서 바깥세상을 꿈꿨을 터" 에 이르러서도 삶의 경건성, 생명의 신성성을 표상하며 시적 자아는 건강한 정서를 여미어 가고 있다.

다음 시 '액자 속의 빛바랜 흑백 사진 한 장' 에서 강 시인의 존귀한 인생철학을 만난다.

"못 하나에 온몸을 맡기고
무아의 경지에 오른 듯
그저 무심한

〈중략〉

빛바랜 날에도
흐뭇한 시선으로
묵묵히 내려보는 삶의 경륜

간혀 있어도
자유로운
무아의 삶을 살아가는 너"

「액자에 갇힌 너」중에서

'액자에 갇힌 너'는 초월적 자아인 셈이다.

인생을 살아오면서 겪은 일들, 한평생 체험한 사건들, 또는 한이라거나 무한대의 느낌들 그리고 사계절 따라 변모해 가는 산천초목까지 다 곁에 놓고, 시간도 그 흐름을 멈춘, 우주의 한 지점에서, 엄숙한 실존인 독존자로 형상화되어 있는 사진 한 장을 우리는 들여다보고 있는 것이다. 눈 깜박임도 정지되고 일체의 사색이나 몽상까지 그리고 모든 의식의 흐름도 정지된 채, 나아가서 일체의 감정, 감성의 유로도 차단된 채, 돌올한 자태로 설정된 무연고의 자아는 '무한 자유인'이다. 여기에는 가장 신성한 진자아만 존재한다. 그런데 무한 자유인은, 무한히 구속되어 온 통시通時 통공通空의 누적 분량의 연緣으로 연계된 존재에서 유래되므로 지극히 역설적인 메시지가 충만하다. 가장 자유롭지 못했던 곳에서 떠나와 가장 자유인이 되어 버린 '초연'으로 인해 다시 '비움과 채움'이거나 '채움에서 철저히 비움'일 터이다.

"자취도 없이 사라졌던 날
문득 돌아보니

빈 나목 위로 하얀 새떼 날아와
사월을 노래하네
……"

「목련」중에서

T.S. 엘리어트는 그의 시 「황무지」에서 다음과 같이 노래를 시작한다, "사월은 가장 잔인한 달/죽은 땅에서 라일락을 키워내고/ 추억과 욕정을 뒤섞고/ 잠든 뿌리를 봄비로 깨운다/ 겨울은 오히려 따뜻했다." 사월은 철저한 기사幾死를 의미함과 동시에 새 생명의 환생 조짐兆朕을 드러낸 시절이다. 도저히 생태학적으로 불가능할 것 같은, 황무지에서 라일락을 자라게 한다니 그 잔인하기(?)가 이만저만한 것이 아니다. 이 극단의 역설은 매우 충격적이다. 자연의 섭리가 지엄하다거나, 인간의 의중을 완벽하게 뛰어 넘는다거나 하는 기상천외한 변이에 대하여 인간은 그저 탄성만 지를 뿐이다. 이 경이적 사건을 잔인하다고 표현했다. 순차적 단계를 훌쩍 뛰어 넘어 달성된 어떤 사물은 그 비합리성으로 인하여 사람들은 놀라는 것이다. '무'에서 '유'가 창조된다는 논리는 아무래도 괴변적이거나 매우 느닷없음으로 인식될 터이다. '자취도 없이 사라졌던 날' '빈 나목'은 무의 뜻을 함지하는 시공의 광장일 것이다. 일컫자면 황량한 황무지에 다름 아니다. 사월이란 놈의 요술로 목련은 그 죽음의 잔

상을 깨고 연록의 잎을 피게 하는 것이다. 아니 잎보다 더 찬란하고 화려한 은백의 꽃봉오리들이 먼저 온다. 여기서 '하얀 꽃떼'는 '하얀 새떼'로 환치한다. 정지된 사물이 동적 이미지로 전환하고, 소리 없는 꽃이 음성을 얻어 노래하는 새로 둔갑하는 점으로 인해 시인의 시적 소양이 어필되는 것이다. '빈 데'서 '차오름'을 역력히 보여주는 시 형상을 우리는 다시 확인하다.

"봄을 기다리던
간절한 마음 켜면

가지마다
환한 염화미소拈華微笑"

「꽃등」전문

4행의 소품이며 단상의 시라 하나 불교적 이미지를 꽃등에 입혀 놓은 의미심장한 시이다.

염화미소는 불교에서 의미 깊은 설화를 대동하는 용어이다. 일상으로 우리는 이심전심으로 상용하나, 심심상인, 교외별전 등 여러 가지 성어로 파생되어 있다. 석가모니와 그의 제자 마하가섭이 주고받았다는 소위 무소설無所說이다. 말한 바 없으되 내밀하게 또는 암시적으로 서로의 의미를 소통하고 알아챘다는, 높은 경지의 수단

설법인 것이다. 원래는 연꽃을 들고 연출한 이야기인데, 여기서 조롱조롱 매달린 꽃등으로 그 심오한 의미를 담아냈으니 시인의 시적 발상은 기발하며 그 연상 수법도 칭송될 만하다. 특히 '석가모니' 와 '마하가섭' 은 이 시에서 '봄' 과 '나' 로 치환되어 있어 그 시적 구상이 매우 대견하다.

마지막으로 '홍시' 를 읊은 시를 감상의 대상으로 제시한다.

> 나목裸木의 붉은 심장이 되어
> 말랑말랑 익은 그리움
> 석양의 노을로 등불 켜고
> 모두 떠난 빈 둥지 지켜가며
> 까치가 쪼아가는
> 어머니의
> 외로움

「홍시 하나」전문

〈홍시 → 붉은 심장 → 말랑말랑 익은 그리움…… → 어머니의 모성〉으로 연계되는 시상의 흐름은 참으로 내세울 만한 표현법이다. '석양의 노을로 등불 켜고' 는 이 시의 무대를 후광 하는 배경인 셈이다. 공감각적共感覺的 표현이 빼어나다. 그리움은 다시 외로움으로 전환되고, 이때 까치가 쪼아가는 것은 '줄어듦' '없어짐' '삭아감'

따위를 의미하는 것이 아니라 오히려 더 보태어가는 작위의 형태를 보여준다. 매우 패러독스한 표현이다. 어머니의 마음을 필연적으로 등불을 켜들고 어둠을 좇아내며, 야위어가는 자신의 삶도 돌보지 않는다. 오직 베푸는 자애심의 수호자이며 그 자애의 실행자이다. 어머니는 인생의 변곡점을 내려오며 춥고 어두우며 운명의 전복을 맞이하는 존재이면서도 희생, 사랑을 끊임없이 베풀고 있다. 비우며 채우는, 이 대칭적 조화로움의 미학은 우리가 눈여겨볼 가치가 있는 대목이다.

강 시인은, 시의 정서는 어떠해야 하며 시적 테크닉은 또 어떠해야 하는지 너무 잘 알고 있다. 시의 발상법이나 진지하게 시의 골짜기로 몰아가는 문학지향적 자세도 특별하다. 다만 '문리가 트인다' 라는 말에서 보듯, 성취하려는 방향에 오로지 함몰되어 낮밤을 가리지 않고 몰두 몰입해서만이 충분한 성취를 이룰 것이란 점을 상기시키고자 한다. 이는 모든 예술인에게 주문되는 공통적인 말이다. 아마 강 시인의 미래에 생산되는 시는 더욱 흡족한 성과를 거둘 것이라 확신하며 문운 융창을 기원한다.